Cielo de magnolias, cielo de silencios

OLIVIA MACIEL

Copyright © 2015 Olivia Maciel

All rights reserved. No part of this book may be reproduced in any manner without the express written consent of the Publisher and Author, except in the case of brief excerpts in critical reviews or articles. All inquiries should be addressed to: Pandora Lobo Estepario Productions, 1239 N. Greenview Ave. Chicago, IL 60642
All rights reserved.

ISBN: 1940856205
ISBN-13: 978-1-940856-20-9
Library of Congress Control Number: 2015912535

Dedicatoria:

A mis padres, Dra. Angelina Yelmi Luna y Dr. Raymundo Maciel Córdova

AGRADECIMIENTOS

Durante la evolución de este manuscrito he recibido el muy significativo apoyo de mis padres, colegas, y amigos. Deseo agradecer a las siguientes personas: Editor David Rade, Dr. Patrick O´Connor, Dr. René de Costa, Dr. Wiley Feinstein, Dr. Ellen Cannon, Dra. Juana Goergen, Dr. Reginald Gibbons, Sr. Antonio Martínez, Sr. Ignacio Olmos, Sr. Carlos Tortolero, Consulado General de México en Chicago, Instituto Cervantes, Museo Nacional de Arte Mexicano en Chicago, Sr. Miguel López Lemus, Biblioteca Regenstein (Universidad de Chicago), Biblioteca de Loyola University, Biblioteca de Highland Park, *Revista Contratiempo*, y todos aquellos a quienes no haya alcanzado a nombrar.

En un rincón más límpido que todos los ojos
se espera a los peces de la angustia.
En un rincón el carro de verdor veraniego
inmóvil glorioso y eterno

"Max Ernst". *Capitale de la douleur*
—Paul Éluard.

OLIVIA MACIEL

Índice de Poemas

- CELOSÍAS ... 1
  - Surcos de barro en la penumbra. Infinita primavera... ... 3
  - El estilo largo de agosto ... 4
  - Mira qué verde está el árbol ... 5
  - Abrasado agosto ... 6
  - Asfalto y cielo ... 7
  - Goteando agua ... 8
  - Astrea y Meknés ... 9
  - Anís amargo ... 10
  - Lenguas ácidas en resquemor nocturno ... 11
  - Paisajes neuronales. Prendada la uva ... 12
  - Vino sobre las letras de Dios ... 13
  - Mi ceja tornó pálida ... 14
  - Perlita negra ... 15
  - Cilíndrico acero. Números ... 16
  - La muerte balbucea: hola ... 17
  - Rostro soleado ... 18
- ANILLOS ... 19
  - Anillo celestial ... 21
  - Teoría de cal y arena ... 22
  - Inmanencia ... 23
  - Luminosos caracoles ... 24
  - Puntos de luz. Molto moderato ... 26
  - Telarañas estrellas sobre cristal ... 27
  - Cielo de palomas ... 28
  - Evocación de Picasso ... 29

Horta de Ebro	30
Sueño número 437 de Scipión	31
Sueño 437 de Scipión. Variación	32
De disfraces los destinos, Diógenes	33
Fin de año. Desconcierto	35
Danza nieve, danza	36
BESOS	37
Beso constelado	39
Aroma de jazmines...	40
Azulados besos	41
Ángel helado	43
Ángel adolorido	44
Julio azul	45
El devaneo de las migajas	46
Nudo atado a la profundidad constante	47
Código amen	48
Écfrasis. Aguja de coser	49
Fervor incierto del secreto	50
Ya casi agosto	51
Acotación. Luego Leibniz	52
Cónico beso	53
Infinito roce liminal	54
Desde la ventanilla de un Greyhound	55
Miel en los labios...	56
Hierro oxidado	57
Aperigaptos: incircunscribible	58
Misterios	59
Minúsculo corazoncillo negro	60

  Bendición 61
  Entre irse y quedarse 62
  Pastor de la alborada 63
MAGNOLIAS 65
  Filología en campiña 67
  Códice azul 68
  Rasga 69
  Concha *avuncularis* 70
  Corazón-agua 71
  Girasoles nocturnos 72
  Souvenir de Haifa 73
  Un beso en la frente del cielo 74
  Intuición hermética 75
  El corredor de los espejos 76
  Paraíso en tinta miel 77
  Perla dormilona 78
  El ojo de Dios 79
  Cielo de magnolias, cielo de silencios 80

Una Breve Nota

Algún vocablo debió anidar en mí de aquel lirófolo celeste, Rubén Darío. Nuestra filosofía de la poesía no es sólo mía, es nuestra; huye, se remonta, se rebela, pregunta, y se agiganta en visiones extrahumanas, y hasta sobrenaturales, y se empequeñece, capaz de transformarse en lágrima que escurre suave, cálida y salada. Es nuestra porque se ancla, en la literatura hispanoamericana.

La poesía hispanoamericana de los Estados Unidos de América, tiene sus raíces en la literatura que proviene desde las jarchas, pasa por la poesía medieval (influenciada por la poesía árabe y judeo-española,… Yehuda Ha Levi, Ibn Ezra, Solomon ibn Gabirol, y tantos otros) y se enriquece con la poesía de grandes poetas españoles y latinoamericanos como Luis de Góngora, Francisco Quevedo, San Juan de la Cruz, Juan Ramón Jiménez, Federico García Lorca, Sor Juana Inés de la Cruz, Luis Cernuda, Octavio Paz, Jorge Luis Borges, Alfonsina Storni, Alejandra Pizarnik, Rosario Castellanos, Julia de Burgos, Vicente Huidobro, César Vallejo, Gabriela Mistral, Leopoldo Lugones, Joaquín Gorostiza, Nicolás Guillén, José Martí, Pablo Neruda, Manuel Altolaguirre, para nombrar algunos. No olvidemos la influencia indígena latinoamericana enriquecida con la poesía de Netzahualcóyotl, Netzahualpili, Axayácatl, Cacamatzin, y varios otros grandes.

Pero yo por ahí dejé sobre mi escritorio escrita una palabra el otro día para intentar hacer referencia a mi filosofía de la poesía, y… la busco y la busco… tenía algo que ver con el misterio, porque la poesía nace por ahí, entre el oído, el trino del pájaro, y el vuelo de la nube. A veces aparece como una hierbecilla de manzanilla en medio del camino, y a veces como una selva suntuosa volcada en sudores al pie de un cenote, como si fuera al pie de aquel hermoso cenote en Yucatán, esa impresionante formación natural subterránea llamada Dzitnup, donde sobre su esplendoroso centro azul turquesa se regodean algunos de rayos de sol que enigmáticamente alcanzan a penetrar su oscuridad cavernosa, creando un áureo juego de luces sobre las estalactitas que le circundan.

Y ya Federico, hacía referencia al duende, 'es un poder y no un obrar, es un luchar y no un pensar…' y citaba a un maestro guitarrista que decía 'el duende no está en la garganta; el duende sube por dentro desde la planta de los pies'…

Para algunos de los que nos atrevemos a dilucidar sobre una filosofía de la poesía, nos es difícil comenzar sin primero hurgar un poco dentro, para comenzar a entender donde se origina el gusanillo alentador. Y de nuevo sobreviene ese algo entre la dura adversidad, las tres cuartas partes del corazón, y el vino negro de la uva. Porque no es cuestión de entender. Ni siquiera es una cuestión de estética, ya sean parámetros propuestos por el Barroco, el Romanticismo, el Neo-Clasicismo, el Creacionismo, el Ultraísmo, el Estridentismo, el Surrealismo, u otros movimientos literarios... Recuerdo la primera vez que leí a Octavio Paz... fue de corrido, sin apenas poner atención bién a los versos, fue como si alguien me murmurara algo al oído... tomé el volumen de entre tantos otros libros que se encontraban sobre unas mesas en la librería Mizrahi en la Ciudad de México, frente la Alameda Central. Yo tendría unos doce años. Para aquel entonces ya mantenía un diccionario personal, con listas de las palabras que no entendía.

Para el grupo de poetas que surgiera en los años 20's en México, los Contemporáneos, aquel grupo de escritores brillantes que incluyera entre otros a Salvador Novo, Gilberto Owen, Jaime Torres Bodet, Carlos Pellicer, Xavier Villaurrutia, la poesía había de ser local, pero también había de nutrirse de lo universal. Como si la poesía a veces pudiera parecerse a una niña pobre, flacucha, amarillenta, y desdentada (imagen local y universal).

Concuerdo con ellos, pero además me encuentro momentáneamente reuniendo los pasos esperados, y aguardando la aproximación feliz de los retornos. Los retornos hacia el futuro. En lo inexacto de las cosas busco encontrar la brillantez que guía hacia la recreación de la materia, hacia el encuentro con los varios niveles de significado en el perfume de las rosas. Interactuamos con la realidad y los objetos, y ellos (los objetos), interactúan con nosotros. Como diera a entender Walter Benjamin en alguno de sus exquisitos ensayos, la luz de la lámpara no sólo alumbra, sino que denota un origen conceptual; hay un logos tras la lámpara.

La palabra filosofía denota por su etimología, el amor al conocimiento. Es a través de poesis, (creación) como voy buscando y conociendo... Mi filosofía de la poesía representa un devenir, un fluir que me sorprende. En otras palabras, la poesía se va creando y me va dando a conocer algo que yo no sabía existía anteriormente a la creación del poema. Escribir poesía es obviamente también una cuestión de sintaxis en el verso, y ritmo en la palabra, en el decir, y en el silencio.

En Estados Unidos escribo en español, y aunque gusto del estímulo que produce el escuchar palabras en otros idiomas, mis oídos buscan nutrirse del puerto en la ribera que llama al origen de la cepa en español. Con la proliferación de encuentros entre hispanohablantes en eventos y conferencias, y un mayor acceso a diarios y volúmenes en español tanto en bibliotecas como en la red, noto cómo se enriquece el vocabulario de los hispanohablantes en los Estados Unidos. Reviven vocablos tales como: cenzontles, cachorros, zarzas, palmas, playas, madreselvas, árboles, mariposas, albaricoque, caricia, anécdota, paloma.

Escribir a la hora en que la historia nos confronta, nos da vida; buscamos verdad, justicia, y la fiel voluntad que alegra. Escribir cuando la uva de la adversidad destila su vino agridulce inclina al bien del día, a la trova del pájaro cantor, para que aquel que corre mucho alcance un día la gloria de la brisa, la alta cima.

Filosofía y poesía hacen referencia, dentro de la historia de la literatura española y latinoamericana a un autor. Excepto en el caso de algunos experimentos surrealistas en los que había más de un autor... recuérdense aquellos juegos surrealistas como los que llevaban a cabo Leonora Carrington y Remedios Varo con algunos de sus amigos poetas en el México de los años 50, donde alguien comenzaba un verso, y cada uno de los presentes iba agregando otra línea. Cierto es que escribir poesía es un quehacer humano. Poesía y filosofía han sido y son para mí senderos de búsqueda en el gran bosque del conocimiento. La búsqueda en la sustancia del poema me va indicando el inicio de la forma. Yo era y soy un sorprendido olivo, tinta sobre un renglón, un follaje hacia el cielo de magnolias, hacia el cielo de silencios. Era y soy un fluir de río...

Hoy, como si me pusiera delante de un espejo, me encuentro de nuevo frente al escritorio, haciendo caso del surgir de las palabras, de lo visible y lo invisible, de su limo, y su misterio.

—Olivia Maciel Edelman

CELOSÍAS

OLIVIA MACIEL

Surcos de barro en la penumbra. Infinita primavera...

Va llegando al cementerio del invierno la lluvia de febrero
Que por fin pone al descubierto los pastos hace unos días congelados.
Apenas aparece algún cardenal solitario que en busca de su amada,
Dando saltitos se contenta con hallar descarapelos recientes en los tallos de las ramas.
Llueve hoy, y entre la niebla tiembla el sabor de una pasión esperanzada.

La tierra, como una esponja de mar, rebosante está, preñada de agua,
Los inertes minerales tornarán lo inerme en vivo jacinto, narciso, y camelia.
Desde la oscura noche constelada se derramarán besos del cielo
Que tiernamente acariciarán el Redondo Ombligo de la Tierra
Para que el trigo, la soya, los arroces, surjan del mojado lodo donde bueyes y tractores
Abran surcos donde estalle la semilla.

Nosotros, hombres y mujeres, hechos de agua, de junco, y de gardenia,
habremos de rendirnos ante la brisa de marzo, a la festividad del coco y la piñilla.
A la magia cadenciosa del baile en el trópico,
Que con un verde de palmeras y de mares mece al paraíso en suave hamaca.
Hemos de resucitar la esperanza de que el canto de los hombres
Habite la morada más alta, donde la azulada luz del céfiro recoge el alma.

De agua, de esperanza, de surcos, de nimbadas agonías dará a luz la tierra
Abrirán los ojos las marmotas, las cigarras, y las ranas.
Las mariposas monarca viajarán a su habitual destino veraniego,
Las galerías secretas de las cuevas se revestirán de un raro resplandor áureo.
El corazón-agua en el pecho de los hombres, entrelazará locura y dolor dichosos,
Con amarga miel muerte y estrellas, sabiendo que febrero y muerte,
No son otra cosa sino la misma seda, la misma sed, la misma sed, de infinita primavera...

El estilo largo de agosto

El estilo largo de agosto,
su punzón metálico
se torna hilo.

Trepa por la entrepierna,
se ensarta en el corazón,
y luego de hilvanar más puntadas
surge desde la curvatura del hombro.

¿Hacia dónde?
Se pierde, lejano lienzo de tela
en nube espejada
en etéreo bastidor…

Mira qué verde está el árbol

Mira qué verde está el árbol,
¿Dónde estás Mario, dónde estás?

El brillo de tus ojos negros,
como el resplandor ámbar del oso en el escudo de Aquiles
se eleva acompañando a las pléyades,
a Orión;
y ese brillo... lanza una chispa...

Todo mundo te extraña:
¿Dónde está Mario, dónde está?
Mi hígado cuelga de un rubí,
mi corazón de un diamante,
y mi seso de la concha *fubrungada*
de un capricho verde..

Abrasado agosto

Qué ocurrencia, dirás de nuevo:
mirar al mundo a través
de asimétricas ventanas;
los escuálidos agujeros de una blusa desgarrada.

Mirar los forros del sofá
guiñando
al silbido de la cafetera.

Mirar por la ventana otra vez nubes nuevas,
que varían la celosía y permiten admirar
el abrazado agosto que extingue
y resucita temores, fuegos, y presencias...

Asfalto y cielo

Temblor de asfalto;
cerrar los ojos y vislumbrar alcatraces, rosas rojas,
de abrirlos y ver los ojos color miel de Ismael, quien sabe decir 'lobo',
y cerrarlos y ver la ventana abierta de par en par por donde se atisban,
pedazos de asfalto y cielo, suelas de zapato, miradas de soslayo.
Modernidad y antimodernidad
razón y anti-razón.
Vigilia en el espontáneo paladeo
de una paleta de limón.
Imago:
Cerrar los ojos y dejarse llevar hacia el umbral del silencio
donde ya no resbalan los términos
ni claudican en ´conversaciones engreídas´ las palabras.
Cerrar los ojos y bandonarse a las opiniones de trenes
que viajan por túneles desconocidos,
hacia paisajes sedientos de mariposas,
y paraísos pentatlónicos en los que los ángeles practican equitación y esgrima,
y su más ferviente espectador es el gris y mítico elefante.

Goteando agua

I

Goteo de agua entre ranuras de concreto
Agora de palabras:
Encuadernar,
Confesional,
Libre pensador.

Agua más allá de unos ojos color miel
Trás antiguos rostros congelados
 en nitrato de plata congelados.

Agua al túnel de la memoria
Llama-alma rodeada de blancas palomas,
inmensas extensiones terrenales.

Mares de torcido metal mares,
manos allanando, amasando, triturando, fragmentando.

II

Retornan desde un rincón distante los caballitos de San Juan,
las lozas del zócalo;
los globos de colores, los olores;
un sabroso jugo de naranja escurriendo por la entrepierna,
oros líquidos sobre las cejas, las mejillas, los cabellos.

Escuchas, miras y te pierdes entre ecos;
tiemblas ante el sorpresivo rayo
que con poderoso fulgor penetra
la neblinosa gaza,
el frío anacrónico de Broadway.

Vuelves a la placentera pronunciación de la frase: *cuartas de forro*
al sonido del clavecín; al *Hombre que fue jueves* de Chesterton; a *Las memorias de Adriano* de Yourcenar, al "*Espejo de tinta*" de Borges.

Y te arrellenas en tu mejor sillón...

A Manuel Ulacia Altolaguirre

Astrea y Meknés

Astrea pétalos,
amarillas raíces, crisantemos.

Nevada azul, psíquico hálito,
ramas de árboles casi yertos.

Trasformación alquímica,
luz ansiosa, hojarasca color marrón.

Pareja de cisnes,
antiguos secretos, girar eterno.

Arroyo en Meknés,
antiguo muecín, besos sedientos.

Anís amargo

Te escabulles por esos callejones
en los que fornicar al aire libre es asunto cotidiano,
sigiloso gato nocturno.

Relames tu hociquito rosado,
hediondo de anís amargo.

Desde la infancia de tus pegoteados párpados, de tus lagañas haraposas,
reafirmas todos y cada uno de los siete días ante el espejo,
que eres un 'hombre nuevo'.

Aunque tu reflejo espumoso no devuelve tu antigua imagen,
solicitas te reconozca,
trás esa barba preñada de canas blanquizcas epilogando cal.

Junto a esos dedos artríticos de tanto torcer el viento,
un peso invisible sobre el hombro izquierdo,
te tambalea cual mequetrefe alicaído.

No obstante, te restriegas de nuevo, gato de todos los viernes,
sobre esa sucia pared, bajo el espacio de las lilas marchitas.
Te enrollas en el lienzo de tu vaho repugnante;
triunfal en tu gloria de desagüe.

Lenguas ácidas en resquemor nocturno

Las lenguas
ácidas en su resquemor nocturno
sueñan paraísos terrenales;
aves persiguiéndose en blancas alas
persiguiéndose...

en alas de Dios,
dejan tras de sí campos áridos,
en pos de campos enjambrados;
otra fruta

siempre con aire conversacional
a susurro de hojas
a leve cambio de luz
a semilla de manzana

como círculo que desdobla su contorno
o nube que se deslíe en gotas,
o alma que se escapa por los oídos

o danzarina de Juvenal,
arrodillada con muslos temblorosos

por el nada de nadie que pertenece a todos
por el campo de las sagradas manzanas
por la semilla de la manzana

A Don José Ramón y Cajal

Paisajes neuronales. Prendada la uva

I

Desde el fondo más recóndito de mis paisajes neuronales
Extraigo la imagen de mi madre platicándome las uvas.

Alcanzo a ver la silueta de la puerta,
los muebles en la oscuridad, el blanco pretil de la cuna
Y no sé qué remedo balbuceo, que mi madre prorrumpe a sonreír...

II

Color uva los niveles,
rosita de oro negro entre las piernas.

Secretos recónditos esquemas, dobleces del encuadernado, profecías del oráculo,
ojiva rosada por donde escurren lágrimas, las sacrosantas ellas.

Vapor,
flama de la vela,
tus labios silbando aquella melodía.

Pétalo, color crema la página,
profecías de Amoz;
polvo sobre las cabezas de los pobres,
asímismo miel en el panal más dulce de todos los panales.

Ahí, entre los pétalos la impaciente flor,
sed.

Púrpura flor,
púrpura insistiendo,
alma en púrpura uva lo niveles.

Vino sobre las letras de Dios

La viña de su ojo sonrió
igual que un atardecer arrebolado,

su vino derramó sobre las letras de Dios,
néctar de vid, nuca, y aliento,

sin haber un hasta pronto
un *hasta mañana…*

Mi ceja tornó pálida

Mi ceja tornó pálida
cuando insistió: *ven*.

Mi desorientada mirada se desplazó
desde sus zapatos color marrón
hasta su ojos de lince.

Con sus dedos alargados cubriéndose una ceja,
intentaba protegerse de las razones de la sal,
de la fragancia que vertían las hortensias,
de la brisa sobrevolando el verde de los prados.

De las razones de la sal,
las que invitan a viajar más allá
de las playas de Bombay,
las que hacen de la realidad sueño,
y de nuestra inventiva diluida en barniz amarillento
un crespúsculo recóndito.

De las razones del *ven*
bajo el arco;
sal,
parvada de palomas en pleno vuelo.

Perlita negra

Perlita negra
Perlita en ceja
Perlita en abanico
Perlita ensangrentada

Cilíndrico acero. Números

Vaso comunicante ante sus ojos verde-azul,
sus apretados rizos, sus frescos labios.

Hacia un extremo el cilíndrico acero,
rascacielo del norte,
hacia otro, la dorada luz de otoño,
y más allá una extensión de Dios,
el latido de la noche.

El límite de los límites,
los designios del azar
los números bailarines
los números irracionales,

los lunáticos y ebrios números...

La muerte balbucea: hola

¿Qué notas? La muerte hoy balbucea: hola.
Emplea nuevas maneras de enunciar:
puerto de montaña, abre luz, muerte.

A diferencia de otras muertes,
esta es azul, púrpura, guinda, amarilla,
y lleva flores en los ojos.

De su agujero ocular brota un gran crisantemo,
de su fosa nasal un corazón de alelíes.

Su rostro es un antiguo cristal tornasolado.
Permite ver a través suyo
un muro de ladrillos anaranjados;
indudablemente un acertijo...

Rostro soleado

Brillante disco soleado, tu rostro asemeja una pálida luna.

Entre transeúntes astros te adivino,
eres figmento imaginado.

Sopla un frío viento entre silencios...

ANILLOS

OLIVIA MACIEL

Anillo celestial

Fuerte tinta.
Suave abandono.
Trascender de dimensiones.
Discreta fuente del azar combinatorio...

Tiembla el ávido algoritmo,
Tiembla el semi-ordenado anillo celestial.

Teoría de cal y arena

¿Por qué ávido y semi-ordenado anillo?
Creatura del azar.
¿Por qué convergencias caducas y pasajeras?
Brillante disco solar.
¿Por qué cuarteadura de vidrio, ¡chaz!?
Bienestar de la paradoja.
¿Por qué permutaciones, encuentros?
Exilio.

Inmanencia

A la vuelta de la esquina:
El de las permutaciones,
El de las esferas,
El de los anillos semi-ordenados
El de los siderales agujeros negros,
El de los multidimensionales túneles,
El de los ambarinos ojos inescrutables,
El que agridulcemente anega...

Para A. S.

Luminosos caracoles

De pronto retraigo el rostro,
en sombra oscura te busco.

Caer, caer
en insondable descenso,
arañando el liminal
fondo de la tierra,
en descomposición las hojas,
los suaves caracoles y luminosos gusanos
en fértil escarbar,
sin fin de especies subterráneas con los nombres más obscuros
que se pueda imaginar.

¿Qué surge entre tú y yo,
cuando tu hombro roza levemente el mío,
mientras una fina lluvia moja nuestras mejillas?
¿Responder? Las preguntas volverán;
 muy a pesar de tu andar pausado, de tu sonreír mesurado.

Miraré tu figura desaparecer,
o reaparecer como una hiedra que se bifurca,
se trifurca, y cuadrifurca,
voraz monstruo de múltiples cabezas.

Para mí comenzará el desfile de las cabras;
las hay delgadas, rubias, de cabezas desproporcionadamente grandes,
o de cuerpos escuálidos; las hay que se quejan con cinco maldiciones siempre,
y las hay, que con cabeza en forma de pera, constantemente chasquean la lengua.
Las hay facinerosas en alargar la oreja para robar alguna palabra
y enrollarla en su invisible lengüeta de mariposilla nocturna: *José Martí*
estudiando hebreo.

Aquí se disuelve el agua que arrasa con todo; la que fertiliza y la que contamina;
reciclaje del conocimiento en la academia;
´*la estética de la pobreza*´, ´*los olvidados* de Luis Buñuel´, o
la que bucea en el mar apoteótico de San Juan de la Cruz.

En mis manos sostengo un disco iluminado
un sol resplandeciente, tamaño de un ataifor.

Puntos de luz. *Molto moderato*

Son puntos de luz,
puntos de oscuridad horadando la materia.

Son pequeños ojos de aire mirándolo todo a través de varias dimensiones.
Porosidad de esferas, tal membranas celulares, que permite penetren sombra y luz, de
fuera hacia dentro y viceversa.

Un árbol de maple concentra la sombra de sus hojas
sobre la superficie de concreto. Sombra y concreto se aparean. El ojo no engaña, esa
posibilidad existe; a este nivel, la sombra que plasma la hoja del maple, se confunde con la
dura superficie del concreto. Sombra, fruto de la proyección solar sobre la silueta
de los tonos verdes.

Los rascacielos de hierro y concreto se estiran hacia el cielo,
danzan cual raras espigas al viento trasformadas en altas petrificaciones.

Sombra suave, discreta memoria
reaparece tu rostro; disco blanquizco, con efectos edificantes.
La imagen de tus ojos, tus dientes, tu cabello, lentamente cobra fuerza
desde la evanescencia de su origen en mi pensamiento.

¡Qué profundo abismo entre la sombra del maple y la plancha de concreto!

Telarañas estrellas sobre cristal

La sombra de los árboles
teje telarañas-estrellas
sobre el cristal de la ilusión.

Sangre de alivio a la pobreza,
incisiones que los querubines
del paraíso se ocasionan a sí por los hambrientos.

Desde profundos y amplios cielos,
el mar de noche se derrama...

Cielo de palomas

I
Cielo de palomas,
mar profundo de palomas blancas.
Cielo de soles lunares;
tu rostro, tu rostro,
evanescente disco brillante.

II
Cielo de palomas,
alto mar de alas blancas.

Evocación de Picasso

Guache-tinta, crayón, o lápiz;
parte de la teta-tela en blanco.
Expresión de la cerámica, el grabado de madera,
la creación del justo trazo durante el encuentro.
La relación del teñido con el difuso borde, a pesar de...
Meme mira la cabra, la *fermière*, la femme *elongaise*;
es el niño y las palomas; ha vuelto a la infancia,
no cansa nunca de volver a los inicios, de olvidar errores cometidos.

(Ella reflexiona sobre el taxista argentino, en este París
neblinoso, del que quisiera desaparecer)

Sádico plasma una Celestina sin ojos.

Horta de Ebro

Aguja ensartada por ángulos, por tonos azules,
brochas rodeadas de olores, sueños, sombras;
vivir a lo que venga
cubos anaranjados
vuelta a la infancia;
carrascas,
negro cordován.

A Ricardo Armijo

Sueño número 437 de Scipión

Arcángel Gabriel, hoy me alimento de cielo y mesas rasgadas. Estoy a punto de colapsarme en un punto de luz; un punto de luz blanco zinc, el punto de luz más distante.

(El arcángel se sustrae hacia un rincón oscuro, donde acaricia la curvatura de sus alas, donde se zambulle en la profundidad de la sombra. No interrumpe ni por un instante el sucesivo ocurrir de las combinaciones. Ni de aquí ni de allá, conversa sobre los acentos consigo mismo).

Aquí huele a café rancio. Será el frío sudor de la mano que deja escapar su alma entre las líneas de un diario; en la preparación de un nuevo diccionario. Olor a café rancio y envejecido, tan en contraste con el aroma que emana de recién cultivados arrozales...

(Las alas del arcángel se transforman en alas de libélula, las aguas de los ríos en aguas de los mares, los peces de colores en navegantes ojos azorados).

Sueño 437 de Scipión. Variación

Gotas sudorosas de limón,
alas de libélula,
alas angelicales.

Peces que nadan con ojos asombrados,
sal que amarga.

De disfraces los destinos, Diógenes

I

Un ángel en estado de adoración
un ángel músico
un ángel nubes
un ángel ojos
uno mariposas
tus ojos.

Un himno
el calor ambarino de tus ojos.

II

Tiemblo desnuda,
tendida sobre un piso de mosáicos,
lapislázuli, lila, y ocre.

Tiemblo aguardando a Cronos,
mientras la ciudad se distingue cristalina al filo de la noche;
enigmática e infinita; estrellitas llorosas y caleidoscópicas.

Buscamos al hombre honesto de Diógenes,
recordamos a Aristóteles, vino vivo de Atenas,
mientras al conteo de los segundos
las hilanderas visten de disfraces los destinos
en rojo o amarillo enervante.

Y tú, ¿dónde estarás?

La oscuridad se destila sedosa,
puntiaguda zapatilla, se aproxima sigilosa;
araña con patas de cobre,
candelabro sin velas.

Con cronológica locura
estrellamos la vajilla contra el suelo, prendemos fuego a los billetes;
según Stavros, *siendo felices lo material es prescindible.*

Nueve, diez... apresura su marcha el tiempo.
Cronos se despide, Hércules suspira,
Alejandro de Macedonia recuerda;
aún vale la pena seguir el consejo de un maestro...
El agua del tiempo desvanece en el recuerdo la forma de tus manos,
mi isla se recoge en el océano de tu mirada,
el cuerpo líquido de Dios en múltiples fracciones; inscripciones petrificadas.

Tiemblo desnuda en el patio,
tendida sobre un piso de mosáicos,
ocre, lila, lapislázuli...

Fin de año. Desconcierto

Cae la hoz del tiempo sobre
maniquíes, cámaras de seguridad, ordenadores,
escaparates, clonaciones, redes sociales, 'guerras' y 'liberaciones';
desprende otro glaciar de uno de los polos terrenales;
resuenan la tos del rellano, el escupitajo de otro vagabundo recién llegado.

El ala de un hombre 'nuevo'
roza suavemente el ala queratinosa del otro.

La más sutil oscuridad torna a grisácea luz y arroja un débil fulgor por la ventana...

Para G. T.

Danza nieve, danza

Danza nieve, danza en espirales
abre, abre, su rasposa mejilla ardiente,
el silencio de sus dientes.

Danza, nieve, de pupila negra, baila
azul, morada, blanca,
nieve amplia, sonámbula.

Danza eufórica e intoxicada
pinta con dedos gélidos, con marginal aguanieve
sobre su frente alta.

Escurre fría sobre sus azulados poros,
prende su flor aritmética, sus teóricas combinaciones,
el misterio de los números irracionales.

Danza nieve, danza, hacia el jardín
donde la orquídea insomne
en delirio frío arde.

Danza, danza encendida nieve
adelanta el paraíso de la circunstancia,
hacia la tierra del cielo, danza.

BESOS

OLIVIA MACIEL

Beso constelado

Amigo, mi añorado amigo...
A través de ese agujero en pared despedazada
se cierne entre nosotros un beso constelado.
Es un beso de viento dado a tientos
entre rezos fervorosos, entre letras rojas y negras, entre suspiros mal disimulados.

Es un beso alado.

Por entre ese gran hueco de muro desmoronado
Se aprecia silencioso y amante el cosmos...
Añorado amigo, mi amigo más preciado.

Es un beso silencioso, es un beso abierto, es un beso constelado...

Aroma de jazmines...

Me encaminé hacia el rincón
donde aguardaba el pecho de mi amado.

Andando a tientas,
cedió mi temor a esa luz viva,
brillantez azul;
y como un ciego que se guía por generosa providencia,
presentí con nuevo fuego;
fé alumbrando luz naranja, luz azul,
luz alada en misteriosa ciencia.

Entré a su abrazo,
que me acogió confiado,
de que ya rendida entre sus brazos,
no huiría de su anhelada esencia.

Mi alma prendió junto a mi amado, y él se abandonó a mis brazos.
Arrobados los dos en la delicia de ese sol,
nos envolvió un aroma de jazmines,
gloria excelsa.

Para L. V. P.

Azulados besos

Cuando llegue la vejez, querido mío,
me vestiré de púrpura y amarillo,
fabricaré pececillos de arcilla, figurillas de un desconocido barro,
y pintaré palabras alrededor de las ventanas;
cortaré papel picado de formas deliciosas; tortugas marinas, delfines,
siluetas de focas jugando a las escondidillas.

Como una ariadna desdentada y afanosa vestiré títeres
recordando el mirar de los que tanto amo,
sus finos rasgos, el ir y venir de su pensamiento entrelazado al mío.

Cuando llegue la vejez, querido mío, iré al mar
a ver a las olas jugar como siempre, enrarecidas con sus baberos blancos,
tontas locas en cascadeo esquizofrénico, en ese su ir y venir maniático

me estremeceré de nuevo ante ese mar de silencio abierto,
reviviendo el suave temblor de aquellos besos apurados
sobre la espalda, la nuca, la comisura de los labios.

Ante tanta caricia trajinada a tras piel sobre mi cuerpo
no desfallecerá la bendita intención
que agradece a los cielos el paraíso del irremediable aprendizaje.

Haciendo caso omiso de trastos viejos,
de polvosos rincones oficiosos,
mi voz se enredará en viajes de risas,
ascenderá por espacios enjambrados de luz,
sin echar de menos mi alada juventud.

Donde haya olor a urea, a descomposición de hojas secas,
mi última caricia hará un pacto con la muerte,
para que antes de que vuele la sustancia que me anima,
me permita la del vestido largo, resarcir a la memoria
aquel vientre de encendida flama,
aquel día en que me untabas aceite de sándalo en la sien,
y cuidadosamente me tapabas.

Cuando llegue el último estertor de la vejez querido mío,
ya viviré en la morada de moradas, la que trasciende los límites de los paraísos.
Todos los bordes, los muros, las fronteras,
serán azulados besos catárticos, herencia de aretes verde olivo,
un boleto de metro amarillento, un recuerdo de aquella visita al Museo del Prado...

Ángel helado

Ángel doloroso, cúpula teñida de cielo borrascoso.
Querido amigo ¿Te animará a la compasión el recordar un corazón desabrigado?,
Angel helado.
Angel ácido.

Ángel adolorido

Desarruga el fruncido ceño, ángel adolorido
a base de color, sal, y sol
azul, sal, y sol
sal, limón, y sol.

Julio azul

Julio azul
azul nocturno
con ojo abierto
el insomne corazón espera.

Julio nocturno
en qué mar navegas,
en qué vientos vuelas.

Julio azul
noche soleada
el prendado corazón espera.

El devaneo de las migajas

Sobre tu mejilla, tus labios, tu hombro
se desparraman diminutas,
suavecitas, y sabias, las migajas.

Cual pequeños lunares,
o estrellitas dolorosas;
inquietas, invitan a que se les saboree,
para paladear en sus diminutas bocas
la sal incierta de tu vientre, manos, cuello, piel...

> *"Yo soy los nudos que voy tejiendo..."*
> *—Anónimo*

Nudo atado a la profundidad constante

Esos platos sucios,
pájaros raros de alas acartonadas,
se disponen a volar.

Un árbol huérfano de verde,
atestigua el solaz derramamiento
del nudo atado a la profundidad constante.

El jardín de las emociones paradójicamente flota,
como plancha de concreto levitando,
sin cimientos flota...

La búsqueda de silencios catatónicos en autobuses fantasmas
cruza fronteras intuitivamente...

El cafeínado día aguza sentidos, aclara percepciones...

A noventa grados
el día se adhiere a las mejillas y a la frente,
los dedos de las manos se entrelazan
la piel se empapa de sudor
el tren despega
esos pájaros raros levantan el vuelo
al aire al aire alas al aire...

Código amen

Extraño ser, *amen*,
olvidado deambular.

Amen, amen,
básico lenguaje, extraño doctor amen
sobrevolando cordilleras
más allá de nubes, gritos desgarradores,
y desprendidas hojas otoñales.

Rara poción que agridulce inquieta con
penetrante locurita, idiosincrática sabiduría.

Sueños, insomnio, fervor místico,
canto de pájaros-países
nunca antes descubiertos.

Código envuelto en papel periódico
combinando con vocablos de insidiosa preeminencia;
*inmigrantes, justicia, paz, hermano, padre, madre,
hijos, ancestros, descendientes sombríos.*

Vocablo clave, mirada secreta,
encuentro secreto en infinitésima y feliz fracción .

No hemos de ignorarlo, añorado amigo; desde hace meses, semanas,
la afirmación vuela en el aire, en la radio, en las revistas:

nuestros sentidos florecen: extraño *amen*.

> "A picture held us captive. And we could not get outside of it, for it lay in our language
> and language seemed to repeat it to us inexorably"
> —Ludwig Wittgenstein

Écfrasis. Aguja de coser

I

La aguja de coser lacera con su afilada punta la noble tela.
Surge un limoncito verde.

Los colores aparecen y desaparecen,
ambiguo desdoblamiento que mantiene en vilo el sueño.

Desde el hábil bordado, surge un enigmático ángel,
recta flecha de oro en su diestra.

II

Esta tarde dominical,
una lengua translúcida se da gusto sobre la nuca, la comisura de los labios,
en tanto en la intimidad del baño,
escurre desde los cabellos hasta la punta de los pies
una lastimosa lluvia somera.

Incesante, la búsqueda de filósofos y palomas,
toca renuente a los pórticos del cielo;
dejando tras de sí privilegios cosmopolitas,
relegando aquellas miradas empantanadas,
en ventanas virtuales.

Desvariada combinación de mármoles y pezones,
olvido agónico de Jonás y la ballena,
concepción vagabunda del doctor extraño amen,
vientre fusión-fisión sin clara manifestación;
instante en que con mano audaz,
el triste y enigmático ángel desaloja, o clava,
en vulnerable corazón, su afilada lanza de oro.

> *"La gota perfora la piedra; no por su fuerza, sino por su persistencia".*
> *Metamorfosis.* –Ovidio

Para J. C. V.

Fervor incierto del secreto...

La loca del callejón lee la palma de la mano, el corazón erosionado,
en los anuncios de un periódico mojado.

En las avenidas cuelga la indumentaria rasgada de unos desamparados;
con amarillos dientes chiflan melodías de cante jondo.
Acariciándose el negro vello de su pecho,
con giros de palabras, curten de lamentos los muros del cementerio.

El poeta gaditano no esgrime el pulso débil de los chapuceros,
sino uno que tiembla un recio desgarrado ´te extraño´
en el timbre del requiebro.

La caricia de la grieta entre las piedras,
se eleva hacia los cielos,
más allá del secreto entintado que avergüenza la conciencia;
leer libros prohibidos a los once años.

Bajo el dosel celeste un imparcial cantero pule piedras,
tomando prestado de la teología y la superstición cuanto sea necesario.
Con cara bién lavada bajo el sol, prosigue su rítmica labor
sin hacer uso gratuito de gabardina larga ni gafas de gruesa armazón.

¿Dónde quedan los secretos que obsesionan su pensamiento?
Sus lágrimas se vuelven miradas,
ojitos sorprendidos sobre la tela blanca del pañuelo almidonado,
secretos de agua salada.

El ojo tras la lente se confunde,
los ilusionistas del tablado echan suertes al aire, engatusan a cualquiera,
la loca del callejón atisba el horizonte sedienta de Dios,
hambrienta de sabias respuestas.

El cantero labra piedras,
la loca del callejón lee la palma de la mano, el corazón erosionado,
en los anuncios de un periódico mojado.

Ya casi agosto

El guijarro ocre,
agraciado en la apacible orilla lacustre, guiña misterioso;
¿Cómo será el reencuentro?
La mística de los objetos, el susurro verde y raro de los álamos
insinúan paisajes inconclusos, conversaciones incompletas.

En nuevos círculos y formas ovaladas,
las mariposas monarcas se persiguen embelesadas.
Van y vienen, se elevan, descienden; una se esconde, otra la encuentra.

En corazón mineral el recuerdo surge intenso;
con mayor fervor, penetra su ardiente rezo.

Entre sol y sombra el libro entreabierto atrae,
sin permitirle a nadie el placer de su lectura.
El geranio de tenue anaranjado
atrae con devota modestia,
sin hacer caso del más sutil elogio.

El tomillo, el romero, la menta
aromatizan la brisa,
instándola a que se deje acicalar...

Ya casi agosto,
un guijarro amarillo-ocre
despide áureos destellos,
bajo la transparente claridad del agua...

Acotación. Luego Leibniz

Bajo la diestra del ángel y la cúpula del ojo
se desteje lentamente una maraña.
Se es feliz cuando se cuestiona, aún si no hay respuesta.
Se vive intensamente entre los reflejos de diez mil espejos.

Cuando los amigos se reconocen en el hondo de sus ojos
se suscita un nuevo entorno. Uno, cero.
Las miradas sostenidas comunican su llamita.
Dos grandes floreros extienden la bienvenida,
un aroma de hortensias y crisantemos augura un nuevo encuentro...

Se busca el camino que merece la pena, el sueño hacia lo que honestamente complace.
Se intenta, sabiendo que el alivio de la libertad supera restricciones, sufrimiento.

El viento corta, y un dolor de cabeza agobia. Las lágrimas apenas se ciernen,
vuelven al redil. Hay que ser fuerte, o al menos, aparentar serlo.

Ya no eres un adolescente pero te encanta observar las focas en su gran
pecera; creyente en las fuerzas sobrenaturales todo te maravilla y te sorprende.

Eras adulto a la edad de diez años y un risueño joven en la edad madura.
Los ciclos se te dan a su modo, estás destinado a ser diferente. Uno, cero.

Bailas cuando las briznas de nieve se desprenden del arbolado cielo, y te
alegras cuando encuentras esa mirada añorada que esperas te seduzca siempre.

Observas hacia dónde te encamina el destino, y aprecias la dulce resina que
exuda la corteza de los árboles.

Escuchas las cuitas de los otros, sus maneras de decirlo todo, o no decir
nada, de hacer un trueque válido de intimidad, o de cualquier nimiedad
trillada. Y quedas satisfecho de que el mayor placer intelectual provenga del
indagar entre líneas, del surco en la victoria que un andar lento va trazando.
No le pides nada a Bergson, ni a Husserl, en efecto, eres capaz de refutar a
Leibniz; uno, cero. Podrías haber agregado un discreto principio al
algoritmo proposicional.

Cónico beso

La curva de la lengua explora con su suave punta
esa otra curva ondulada.
Sus movimientos cónicos se alargan ovalados, o se vuelven a encoger,
ondulando una y otra vez; elevando, aventurando, paladeando.
Oquedad adentrando en otra oquedad en azucarados círculos anisados.

Infinito roce liminal

Mi bién:

Contigo cima, glaciar de la esperanza,
añoranza en el silencio destilado,
plaza imaginada, guirnalda del vivir diario.

Contigo fantasía, té de menta, noche insomne,
horas de abstracta eternidad entre líneas tangenciales,
y conjeturas versificadas.

Ángel de mi pensamiento, cirio encendido junto a mi sombra,
este ardor etéreo sabe a mar, a conchas y arena;
es ancho cielo que lame suave y lentamente,
es cósmica boca oscura, es infinito roce liminal.

Desde la ventanilla de un Greyhound

A rayitas en color magenta y blanco,
la arruguita de tu camisa
se cartea con el gris invernal de este domingo,
raro continente oceánico.

Tu labio rojizo y el mío escarchado
se hacen guiños
cuando mi cumpleaños y tu edad
se contemplan abrazados
desde el calcio más profundo de nuestros esqueletos empapelados.

Madagascar, Cleveland, Budapest, París, Ciudad de México,
son aforismos abiertos a la sobria melancolía
que diagnostica ese Doctor Extraño de largos dedos, y larguísimas palabras,
junto al rezo tembloroso de los olivos y el halo apiñonado de la luna.

Nuestros soñados besos,
sabor a higo y a membrillo
son código secreto de paisajes inventados.
Trazando planos de arquitecturas invisibles,
bosquejan nuevos bordes, lejanas geografías;
algún día serán insignes ilustraciones en estampillas sorprendidas.

Miel en los labios...

Me dejas con miel en los labios,
hipotético camino a oscuras,
noche desvelada.
Arrancas de la lengua de la mariposa el número primigenio,
y lo lanzas en voluta hacia el último rizo de la nube más famélica.

Y me dejas así,
con el código de números aún incierto,
guardado en la arruguita magenta de tu camisa desabrochada.

Con miel en los labios...

Hierro oxidado

Evasiva respuesta, *tengo que irme pronto*
presencia sin presencia, *no sé.*

Días y noches de palmeras marchitas,
raras bifurcaciones, un exudar de sangre,
rasguños, piel lacerada, heridas desdibujadas.

No sé cuando iremos a ver las focas...
Rezas sobre una copa de vermouth.
Diseccionas el intérvalo de un grupo de segundos s= {n...}, sobre un
bocadillo de hierro oxidado con gotas de limón.

¿Que si nos veremos? *Tal vez sí, tal vez no...*

Que se desenreden los deseos, hilos del dedal,
que zurza la luna el agujero del ojal...

Aperigaptos: incircunscribible

Una profesora antigua
de andar lento y falda estrecha
ennoblece el sendero hacia la muerte;
campus rodeado de azules, rascacielos, y concreto.

Ojos habrá que relean las borrosas palabras vanguardistas,
y que enloquezcan encandilados
por ese pájaro misterioso que anida
entre las múltiples metáforas, en el breñal de las imaginerías.

No será ella quien se siente ante ese escritorio
ni hojee textos empolvados,
será un otro suspicaz, tampoco indispensable
quien se concentre en la susceptibilidad de los objetos y las palabras
a ´*proskunesis*´.

Otro anónimo ´colega de Platón´ beberá el intoxicante *pharmakos*,
la dulce *ambrosía*,
y con sabia humildad inclinará su frente ante el divino oráculo...

Misterios

Querían los miembros del cenáculo
que les obsequiara revelándoles secretos.
Respondí que no tenía nada que ofrecerles, sólo misterios.

Misterios, misterios, misterios,
¿por qué hay genios que hablan lenguas que nunca aprendieron?
¿*savants, autistas*, que sin saber amarrarse las agujetas, componen sinfonías?
¿cómo es que la naturaleza animada se transforma en inanimada?
¿cómo es que las mariposas saben qué itinerario volar?

¿Cómo es que cada rincón, cada esquina, cada objeto, cada palabra
tiene un secreto qué contar...?

¿Por qué la restricción del poema no restringe la lágrima que se desprende de la pera?

Minúsculo corazoncillo negro

Una mariposilla negra se posa sobre el tamiz de la ventana,
es un minúsculo corazoncillo negro
es un besito
es un regalo

Bendición

Muy queridas mías:

Cuando esas manzanas escanciadas
por fin cesen de solicitar olvido,
de insistir;
cuando desprendan por fin de su cáscara el apego
a la pulpa perfumada, que les prestó su esencia al ser creadas,
aún de las estrellas
escurrirá miel en sus bocas.

Entre irse y quedarse

Entre irse y quedarse
el oleaje se hace espeso
su ir y venir más lento

Entre irse y quedarse
el naranjo seco
la palabra amarga

Entre irse y quedarse
la llamada telefónica
el ensayo académico

Entre irse y quedarse
un sabor incierto
llamarada, rocío, y agua

Pastor de la alborada

Hurga la noche constante,
mi desarreglado coral en llama.

Pastor de la alborada,
tus corderillos entre el pastizal,
por mis campos de manzanas.

El pinar de mis bosques una hoguera,
la luna fiel a su secreto, el sol a su alborada.

OLIVIA MACIEL

MAGNOLIAS

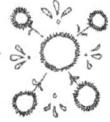

OLIVIA MACIEL

Para P. C.

Filología en campiña

(En manuscritos veroneses del S. IV d.c., se halló este texto anónimo)

La estilográfica de los bueyes sembradores
escribe con tinta negra
sobre un herbazal blanco

Códice azul

Azul añil
Azul lírico,
azul turquesa,
azul noctámbulo
azul salado
azul agua,
azul

azul abotonado
azul casero
azul callejero
azul oleaje
azul torcido
azul delirante
azul arenoso
azul abierto
azul estilizado
azul callado
azul enmohecido
azul herido
azul sangrante
azul sacrificado
azul roto
azul Isfahan
azul miel
azul en la suma de la serie $a^a + a^a+1 + a^a+2 \ldots = \sum^{\infty}$
azul de mangas arremangadas

Para B. M.

Rasga

La ciza de la blanca blusa,
tira de la tela tira.

Rasga la prenda en girones
para coser con ellos
otra blusa blanca.

Rasga, rasga, rasga la tela
rasga la indumentaria;
con ello rasgas un trozo de cielo,
rasga.

Desgarra la hebra de los hilos
por en medio,
fibra por fibra, hilo por hilo
como si fueran sábanas viejas,
sábanas luidas.

Desde el punto medio del arco
hasta el exacto centro del 104.

Rasga, rasga,
con ese gesto tuyo,
mezcla de fatídico deber,
y honorable cobardía.

Rasga, rasga, rasga la tela rasga.

Concha *avuncularis*

Concha *avuncularis*,
voluptuosa, rosada, envolvente.
Se llora con los ojos, el pulmón, y el vientre.

Se llora con tantas otras partes del fatigado cuerpo,
se llora con el alma de los huesos,
y a veces no se puede ni llorar.

Seducen las lilas y los narcisos seducen,
y lloran las hojas
y sus tallos ya no pueden ni llorar.

Seducen las hortensias, las madreselvas, y los higos,
y lloran sus raíces,
y a veces ya no pueden ni llorar...

Corazón-agua

Noche de trigo negro
noche de luna blanca

mi corazón-fuego
mi corazón-agua

agua la luna negra
agua la luna blanca

mi corazón tiembla
entre cuerdas de guitarra

Girasoles nocturnos

Suda la sábana solitaria
Helada está la noche.

La señorita de rojo y blanco,
lamenta en silencioso canto:

Qué lejos se han quedado los olivares
el viento es para los árboles,
el pensamiento para los amantes.

De vez en vez calcula
la diferencia de horarios;
tiempo local, tiempo a distancia...

Sueña con repiques de oro y plata,
con el canto de jilgueros en la madrugada
se le antoja un mordisco de melón jugoso
cuando descobija el sol a la alborada.

Girasoles nocturnos de abril,
¿A quién incumbe la noche?

Entre ondulaciones de agua dura
tiembla el alma...

Souvenir de Haifa

Pienso en tí,
las golondrinas vuelan desordenas bajo un cielo cobalto.

Qué más da que no me hayas traído
la estampilla del rabino más santo de Jerusalem.

Pienso en tí,
la constelada noche hunde su uña lunar en mi sien desgastada.

Qué más da, que hayas ido a Haifa, y no me hayas traído
la estampilla del rabino más santo de todo Jerusalem.

Pienso en tí,
mi pecho es un bosque de cárdamos lacerando mis entrañas.

Entre aguanieve y sal corro a verte;
mojándome los pies,
corro a verte.

Para D. P.

Un beso en la frente del cielo

Busco una porción de paz
en lo más alto del cielo.

Un terroncito de azúcar en la frente del cielo.
Un dulce beso en la frente del cielo.

Primero claro de luna,
luego luz de la luna blanca.

Ya de día, ya de alborada…
Día botones de plata,
día pañuelo de seda morada…

Busco una porción de paz
en lo más alto del cielo.

Un terroncito de azúcar en lo más alto del cielo.
Un tierno beso en la frente del cielo.

Intuición hermética

Sería posible besarnos
a través de la red virtual,
o ir al barrio hindú a disfrutar
aromas de comino y azafrán, manzanilla y benjuí,
o preguntar por qué los pichones saben contar,
o dilucidar juntos cómo se compara el fruto luminoso de la universidad, al
mango globo amarillo que se cosecha en las inmediaciones de Bombay,
o si Erasmus de Rotterdam es relevante hoy, o si la *´g inescrutable´* aún persiste.

Sería posible, si tú quisieras,
admirar las camelias púrpuras en el paisaje cantábrico,
o las callecitas empedradas de Coímbra en Portugal,
o abrir de par en par los portales de nuestro libre albedrío a la ciencia infusa, que dosifica
sabias gotas; un elixir preparado con intuición hermética…

El corredor de los espejos

Deambulando por el corredor de los espejos,
entre diagramas alquímicos, mensajes codificados, y una privacidad maltratada,
el libre pensamiento creía que se fugaba.

Era otra carta más que Hermes
ocultaba en el bolsillo interior de su mejor traje sastre.

Atormentado, el rey de corazones deseaba saltar del puente más cercano,
y la reina de tréboles imaginaba figuras riendo a carcajadas,
donde sólo había muros blancos.

Habría que llevar unas tijeras para cortar el sugerente anudado cordón blanco,
arrimar una silla para descolgarlo.

Era hora de procurar silencio.

Era hora de soñar y bendecir secretos...

Paraíso en tinta miel

Espontánea combinación del sueño,
sabor canela en la piel.

Hoy, ayer, mañana
tiempo a tinta miel…

Sabor a coco, a tierra caliente, un vaivén...

Profana iluminación de Oriente,
ola del sueño, distancia…

Intoxicación ansiada,
desnudos senos surgidos de repente.

Tiempo heterogéneo, punto por punto,
confección del mismo gesto,
inequívoco y transparente en piezas sueltas…

Paraíso en tinta miel;
ilógica, un tanto cadenciosa
combinación, vértice del sueño...

Perla dormilona

Colgada del lóbulo de tu oreja se mece una perla dormilona.

Duerme la perla,
arrullada por el susurro de los secretos que le confías.

Arrullada por el susurro
¿de un secreto?
el que narra la noche a la perla
¡sh! ¡sh!

Revela la noche un secreto a la perla.

Susurra la noche un secreto a la perla,
la noche un secreto a la perla dormilona,
a la perla que se esconde de las olas,
que se esconde...

El ojo de Dios

¿Cómo será el ojo de Dios?

¿El ojo con que nos mira?

Será el verde vibrante de las hojas temblorosas,
tiritando de frío bajo el viento.

¿Cómo será el ojo de Dios?
Será calurosa noche serena en junio,
el andar libre y sosegado de unos pasos...

Será filigrana de oros y constelaciones,
luz matizada de arcoiris,
destello tornasolado de madreperla.

Será silencio en el más recóndito resquicio,
será... la profunda mirada de aquel joven rabino...
la mirada desconcertada de un niño Tarahumara en la montaña.

Será el ambarino sarcástico de tu vacilación desconfiada,
el cielo azul alegre enmedio del gélido enero,
o ambrosía, ruiseñores, trópico de palmeras.

Será preguntas y respuestas, obligaciones y ocio,
luz, penumbra lunar,
símbolos lógicos, signos proposicionales,
variables individuales, sintagmas verbales
y tantas, tantas, contradicciones,

y sol, enjambre de abejas laborando en silencio...

> *"podríamos, si quisiéramos, cambiar besos y abrazos y caricias"*
> —Fernando Pessoa

Cielo de magnolias, cielo de silencios

Tinta blanca, lenguaje de magnolias tiernas
Luz blanca sed de espera sed desierta sed a tientas
Transparente luz, dodecaédrica voz, icosaédrico sueño
Ascender, escalinata, voces, pausas, señas, hoy, ayer, silencios.

Andar tranquilo entre veredas, andar de compañeros compenetración durable
Mecerse de la brisa entre las ramas, luz azul, osada cúpula bizantina
Narcisos, alcatraces, arbustos de tulipán, miradas obscurecidas de dolor
En deseo obscurecidas. Esquiva cariño el sortilegio, estira, alcanza la más alta esfera.

En el delirio sabrás rozar la espuma océano el algodón al fino tacto
Apunte de hilo blanco, yerba luisa y labios sabios, apunte de zurcido a medio día
Máscara tras máscara revelación enigma lágrima desde el artificio
Lágrima deslizando por el lado, la faceta, por el vértice por la rotación del poliedro.

Puente para cruzar hacia la otra orilla, más allá del polinomio, más allá del otro cielo
De vuelta a casa, en tren, con ojos casi abiertos, con frío azulando entre los huesos
Con tibio sol en las mejillas, un raro escalofrío en las entrañas. Son apenas
las 2:00, las 3:00, es apenas el cuarto mes cualquier año, siglo-sabor a fruta
Agridulce zarzamora, múltiples reflejos, ventana abierta, cielo de silencios.

SOBRE LA AUTORA

Olivia Maciel Edelman recibió su doctorado en Lenguas y Literaturas Romances en la Universidad de Chicago. Ha impartido cursos en la Universidad de Chicago, la Universidad de Illinois, Northwestern University y Loyola. Olivia Maciel recibió el Primer Premio de poesía en español otorgado por Northeastern Illinois University (2014), el Premio de Plata por mejor poesía en traducción otorgado por *ForeWord Magazine* por *Filigrana encendida* (2002), el Premio Casa del Poeta, Nueva York, por uno de los mejores tres libros de poesía en los Estados Unidos: *Más Salado que Dulce* (1996), y el Premio José Martí, otorgado por la Universidad de Houston, y el Cuerpo Consular de la ciudad de Houston por ensayo en honor a Sor Juana Inés de la Cruz (1993). Sobre Maciel, Elena Poniatowska (Premio Cervantes 2013), ha dicho: "La poesía de Olivia Maciel es precisa y profunda, un motivo de erotismo iluminado por los mismos rayos de sol en cada verso".

A Olivia le apasionan la lectura, los paseos al aire libre, y la música. De vez en cuando pinta, dibuja, y toma fotografías. Uno de sus mayores placeres es beber cappuccino en compañía de entrañables amigos, y compartir perspectivas desde alguna pequeña esquina en el mundo. Olivia Maciel nació en la Ciudad de México y reside en Chicago.

OLIVIA MACIEL EDELMAN

OLIVIA MACIEL

Arte en la cubierta y bosquejo en secciones:
Olivia Maciel Edelman.©

Fotografía:
Miguel López Lemus©

EDITOR

Pandora Lobo Estepario Productions™
http://www.loboestepario.com/press
Chicago

www.ingramcontent.com/pod-product-compliance
Lightning Source LLC
Chambersburg PA
CBHW051707040426
42446CB00008B/769